Dedykuję tę książkę wszystkim przyjaciołom,
których codziennie spotykam na swojej drodze życia.

Sny są językiem Boga.
Gdy Bóg przemawia językiem świata,
mogę odgadnąć ich znaczenie.
Jeśli zaś mówi językiem twojej duszy,
to tylko ty jeden możesz je zrozumieć.

Paulo Coelho, Alchemik

Niebieskie sny

Jaga Rudnicka

Projekt okładki i szata graficzna: Jadwiga Rudnicka

Konsultacja graficzna: Dorota Grabowska

Korekta: Klaudia Dróżdż

©Copyright by Jaga – Jadwiga Rudnicka 2016

Kontakt: dzikajagoda@gmail.com.pl
www.galeriajagi.pl

ISBN: 978-83-7859-719-3

Drukarnia: Wydawnictwo internetowe e-bookowo

Sny

Sny zakwitają,
kiedy wyłączamy myślenie.
Przychodzą, kiedy chcą,
jak najbliższe przyjaciółki,
które nie kłamią.
Same sobie otwierają drzwi
i wchodzą na scenę duszy.
Pomimo tego,
iż mogą nam się wydawać
dziwaczne i nierealne -
snują opowieści o nas samych
i o naszych
poukrywanych marzeniach.

Dusza

Dusza nie zasypia.
Wiruje w przestworzach,
pląsa jak światło
po ścianach smutku
i marzy
o wyspach szczęśliwych.
Wieczór pośpiesznie wtóruje
zasłanianiu okien,
zagląda do resztek dnia,
upomina zmierzchem.
Sny przychodzą w ciszy.
Zapatrzone w niebo
kołyszą dzwoneczkami
kwiatowych kielichów,
urzekają kolorem zmierzchu,
wędrują w przestrzeni
zatrzymanego czasu.

Niebieskie sny

Gdy niebo kotara z granatu wygładza,
przchodzą do nas niebieskie sny.
Choć światło księżyca sekrety zdradza
są blisko, tak blisko jak my.

Stąpają leciutko jak zwiewne mimozy,
tańczące na wietrze czułe wołania.
W przestrzeniach sennego spełnienia flirtują,
ciche i bliskie, jak nasze wyznania.

Kołyszą gwiazdy westchnieniem niebios
i śpiące ogrody podmuchem wiatru.
Snują się w parkach, alejach niczyich,
tańczą na deskach starego teatru.

Są pełne tajemnic, tęsknot przeżytych,
natchnień nieznanych i smutków ukrytych.
Są zawieszone w poświacie spełnienia
jak na dnie w sercu najczulsze marzenia.

Gdy niebo leniwie zasypia po zmierzchu,
przychodzą do nas niebieskie sny.
Igrają z nami sennymi wizjami
i leczą serca z oparów mgły.

Śnij swój sen

Słońce zasypia na ścieżce.
Codzienność ziewa
tym samym znudzeniem
co zawsze,
a cienie igrają
ze światłem zmierzchu.
Improwizacja życia
zawieszona na płocie lęku
nagina karku kontroli.

A miłość
osiada na poduszkach
i tuli się
do twojego wezgłowia.

Śnij swój sen...

Noc

Noc oczarowuje ciszą.
We śnie czas nie istnieje.
Nie wyłania się,
nie zaczyna
i nie kończy.
Spłoszone motyle
odlatują zygzakami,
a noc delektuje się
zapachem kwiatów.
I spokojnie czeka
na spadające gwiazdy.

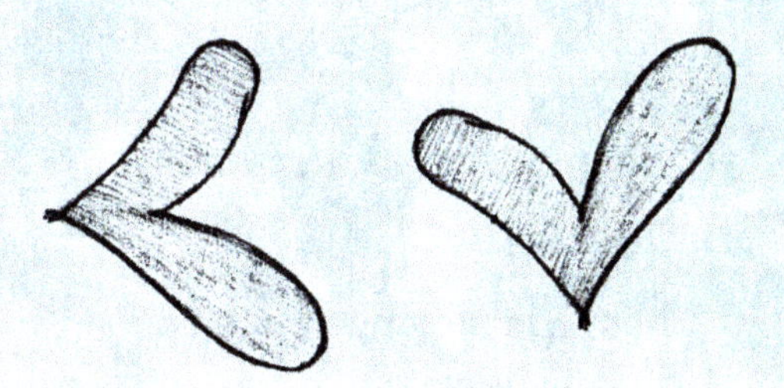

Smutek

Smutek zamieszkuje serce.
Jest niemy.
Niczego nie chce zmieniać,
nic nie chce poprawiać,
niczemu przeciwdziałać.
I nie zawsze chce ustąpić sam.
Tworzy samotną wyspę
bezsilności.
Niebieskie sny mogą wejść
na nią kiedy chcą,
bez przyzwolenia.
A wtedy smutek
zaczyna szukać ujścia.
Przeszukuje zakamarki serca
i wyzwala obrazy,
które go zastępują.

Smutkowe rozterki

Jak dmuchawce latawce
krążył smutek między nami.
Na dnie serca osiadł pyłkiem
zatrutym niesnaskami.

Złapmy smutek, skropmy rosą,
rozweselmy kolorami.
Po co, smutku, miałbyś tutaj
psocić między nami?

Pamięć duszy

Dusza pielęgnuje
samotne pustynie prawdy,
pomimo skaleczeń.
Odnajduje
piaszczyste drogi zapomnienia
i zrasza je źródłem natchnień.

Sny idą za jej głosem.
Przybierają postaci
wspomnień i urzekają
niemym językiem fantazji.
W zanadrzu mają kolory
pełne optymizmu.
Bo niebieskie sny snują opowieści
zapisane w scenariuszu duszy.

Ptaki wspomnień

kolorowe ptaki wspomnień
sfrunęły na drogę
urzekają zapomnianym językiem czułości
rozdziobują okruchy marzeń

wiatr wiosenny
smaga włosy i dotyka twarzy

wloką się samotne minuty oczekiwania

z nadejściem
nowych spojrzeń
powój oplata stare lato historii

Wspomnienia

Wspomnienia to nie tylko klejnoty serca
pielęgnowane w pamięci,
ale także pogubione kawałki
potłuczonego szkła.
Trzeba je wszystkie odnaleźć
i poskładać jak puzzle,
bo nawet maleńki zapomniany odłamek
może spowodować krwawienie duszy.

Tęsknota

Tęsknota, ta czarodziejka.
Zaczarowuje otwartą przestrzeń
w bliskość podmuchu wiatru
i stawia pomniki poświęcenia.
Rozwija skrzydła wyobraźni,
dostrzegając niewidoczne dla oczu.
Prostuje splątane niedomówienia
i splata dłonie strumieniem nadziei.
Inspiruje nieobecny czas.

Aleja wspomnień

siedzę na ławce
przy ciemnej zimnej
i smutnej alei naszego rozstania

złośliwe autobusy przejeżdżają
jeden po drugim
lecz żaden nie zatrzymuje się
na twoim przystanku

poplątały się zasupłały
rozważania o chlebie
i o kawie na śniadanie

rozpierzchły się marzenia
spod pisku opon

a ja
karmię je jak gołębie
rozpieszczane okruchami chleba
każdego dnia

bo siedzę na ławce

moich wspomnień przy alei miłości

Cierpienie

Cierpienie
zagubione w labiryncie uczuć
popada w niełaskę emocji.
Przedziera się
przez tunel ciemności
i rozdzierając ciszę
wydobywa się na zewnątrz.
Długie sznury słonych pereł
zdobią jego ból.
Błogie myśli
porozrzucane w kątach duszy
tańczą tango strachu.
Smętna rola serca
gra na scenie stare sztuki.
Uspokojenie sobie drzemie.

A cierpienie,
podparte zdeptanymi ideałami
chowa się przed słońcem.
I czeka na powrót światła.

Sens cierpienia

Cierpiąc, wyzbywamy się egoizmu.
Uczymy się kochać bez pragnienia
posiadania kogoś lub czegoś.

Ból

Ból przeplata się w życiu ze szczęściem
jak powój ze szlachetną rośliną.
Trzeba uważać, aby usuwając ból
nie zniszczyć radości serca.

Nadzieja

Gdy niebo projektuje film grozy w nadciągającej
burzy, to sny wędrują po niespełnione marzenia.
Stykają się z nimi na widnokręgu dnia i nocy,
a w ogrodach zwątpień zakwita nadzieja.
Niebieskie sny ją kochają.

Pieśń o nadziei

To było tej jesieni,
gdy świat się nagle zmienił,
niebo okryła szara mgła.
Wiatr grał na płocie smętnie,
liście tańczły chętnie.
A w dali snuły się
wspomnienia smutne, złe,
miłości zawiedzionej,
samotnej, rozżalonej,
co przebywała w jakimś śnie.
Wirował cały świat,
w złych wspomnień smętny takt.
Aż nagle serce uwolniło
uczucia w sidłach poranione,
i do wolności zatęskniło, widząc
nadziei mały płomyk.

I wtedy przyszła ona,
nadzieja upragniona,
w poświacie światła szła.
Jak dawno zapomniana
tajemna jakaś dama,
z daleka od zgiełku,
w ciszy dnia.
Świeciła jak gwiazda
srebrzysta i jasna
w szczęśliwych snach.

Spokój przyniosła w sobie,
to ukojenie błogie,
które ciągle szukał duszy ból.
Prawdy przyniosła tchnienie,
a z nią - przebaczenie,
by skłonić serce do zmiany ról.

Bo nadzieja prowadzi nas

do nieba miłosnych prawd.

Do wysp szczęśliwych.

I pokazuje, gdzie

ukryty jest klucz

do serc.

Przeprowadza nas

z dala od zła

i kłamstw.

A jej anioły strzegą nas,

cały czas,

i tak słodko tulą nas

w blasku złotych gwiazd.

Nostalgia

Nostalgia jest względna.
Posługuje się wyobraźnią,
rozkwita rozrzewnieniem,
a jej rozmarzenie
napełnia powieki łzami.
Nostalgia buduje
obrazy z klocków przeszłości,
ugania się za starymi kalendarzami,
wzruszają ją pożółkłe koperty.
Zamieszkuje zapomniane
zakamarki serca.
Nostalgia to mała siostra smutku.

Niebieskie sny
godzą wspomnienia
z przemijaniem.
Przeprowadzają nas bezpiecznie
przez most przeszłości
ku nowym orzeźwiającym źródłom
prawdy.

Moje miasto marzeń

moje miasto marzeń
jest tu
gdzie zaczyna się troska
ale kończy się tęsknota

niebo nie zawsze
jest niebieskie
ale uśmiechy
mojego serca
są najczulsze

moje miasto marzeń
nie tętni życiem
ale jest w nim życie
tętniące radością

moje miasto marzeń
to jest miasto
zapisane pamięcią
mojej duszy

Jest takie miasto

Jest takie misto w dolinie, polami otoczone,
przez świętych Piotra i Pawła strzeżone.
Góra z krzyżem na szczycie dotzymuje mu kroku,
bazylika gotycka dopełnia widoku.

Tam są łany pszenicy najpiękniejsze w świecie,
zboża w złocie skąpane, ozdobione kwieciem.
Tam ryneczek malutki, niedawno odnowiony,
a przy szeregach ulic nasze dawne domy.

Tam ratusz i pomnik Jabna, chluba miasta tego,
A w pobliżu pręgierz narodu polskiego.
To Strzegom! Miasto rodzinne!
Serce dziś ciebie przyzywa!
Miasto piastowskie, prastare
nasze wspomnienia ukrywa.

Pamiętam, jak polne maki, w czerwieni barwnej gamie
drogę nam wyznaczały, gdy szliśmy na spotkanie
ukradkiem umówione, stęsknione radośnie,
przy wilczych skałkach ukryte, wyryte na sośnie.

Pamiętam chabry niebiekie, zbożem okraszone,
a wśród nich kąkole tkliwie zawstydzonne.
Pamiętam bukiet ziół dla mamy uzbierany
i smak miodu z dzieciństwa do chleba dodany.

Pamiętam bzy liliowe, zroszone deszczem na wiosnę,
które odkrywały nasze sekrety miłosne.
Ach, jak te bzy pachniały i wabiły pszczoły,
gdyśmy razem wracali roześmiani ze szkoły.

Gdzie te wszystkie widoki sercem zapisane,
tęsknotą obudzone i łzami zalane?

Dziś widzę mury stare, tak dumne i wyniosłe,
we wspomnieniach zamknięte, w pamięć dni obrosłe.
Czemu milczycie jak zaklęte, o wy, stare mury,
Udające niezłomnych, patrzące na nas z góry?

Wyjawiłam wam tę tajemnicę, która nad drąży od wieków
w odwiecznej tęsknocie, tkwiącej zawsze w człowieku
do rodziny, do miasta, do dzieciństwa czasów,
do kompanów z podwórka, do szmaragdu lasów.

Tak bardzo pragnę znowu w ojczyćnie moich dni
Przystroić się w melodię spełnionych, dawnych chwil
i iść pod rękę z niebem, wzdłuż łanów polskich zbóż,
by moich cudnych wspomnień nie przykrył czasu kurz.

Zachwyt

Zachwyt jest spojrzeniem miłości.

Otwiera nasze zmysły

na prawdziwość przeżyć.

Mieniące się tęczą

wszystkie odcienie zachwytu

wyzwalają radość,

która jest lekarzem duszy.

Melancholia

Melancholia nigdy nie rezygnuje z nadziei.
Jest jak królowa pocieszająca poddanych.
Kieruje uczuciami delikatnie,
prowadzi je w bezpieczne miejsca, gdzie
nie ma rezygnacji, a skąd już tylko krok do marzeń.

Nierozumiana melancholia cierpi.

Jesienna melancholia

Spotkałam ją w parku pośród drzew.
Była samotna, bezbronna, zamglona.
Spojrzenie zgaszone miała, łkała,
deszcz spływał po jej ramionach.

Patrzyła na mnie, jakbyśmy się znały,
jak bliska sąsiadka z tej samej ulicy.
Jak przyjaciółka, która zapomniana
i pełna żalu o pamięć krzyczy.

Spytałam ją, skąd my się znamy?
Czy przedstawione byłyśmy sobie?
Czy przypadkowo nie zapomniałam
o jakiejś ważnej w mym życiu osobie...

Odparła, że znamy się już dość długo
i spotykamy każdej jesieni.
Że kiedy przychodzi jesienna szaruga,
my nasze smutki do niej niesiemy.

Że swoje marzenia splatamy w jedno
pragnienie serca, które w samotności
zapala iskierki nadziei, lecz gaśnie,
nieznając dla duszy litości.

Mówiła o drzewach, które cieszą oczy.
O kolorowych liściach na ścieżce.
O dzikim winie dojrzałym, w czerwieni,
które nie myśli źle o jesieni.

Mówiła otwarcie, bez cienia fałszu,
po przyjacielsku, zmęczona, codzienna,
spowita cała w miłosnym smutku.
Bo była to nasza melancholia jesienna.

Gniew

Nabrzmiały gniew wypluwa z siebie lawę
rozżarzonych do czerwoności konfliktów
i zranień.
Niebieskie sny witają się z nim jak z bratem.
Obserwują czynny wulkan energii
i gładząc go czule po policzkach żalu,
nasycają spokojem.
Ostudzają w ten sposób jego zapalczywość
i prowadzą go do bramy pojednania.
Gniew znajduje zrozumienie i przekwita żalem.
Odchodzi w ciszy, zmęczony, ale uspokojony
i pogodzony ze sobą.

Senne myśli

Dziś w nocy mi się przyśnił
zagajnik pełen myśli,
opleciony pajęczyną,
która w słońcu lśniła.
Pochyliłam się nad nim,
zdjęłam tę pajęczynę,
nagle wszystko dookoła mnie ożyło.

Otoczyły mnie myśli,
zaglądały mi w oczy,
chciały poznać zwierciadło duszy.
Nie byłam pewna, co zrobić,
jak łaski można zaskarbić,
nie zaznawać duchowych katuszy.

Jedne myśli były czerwone,
słodkie, rozanielone -
te chowałam do kosza po chlebie.
Inne były zielone,
niedojrzałe, bezdomne -
tych nie chciałam
zatrzymać dla siebie.

Uwolniłam jak ptaki
myśli ciężkie i gniewne,
i stanęłam na szczycie góry.
Byłam lekka i wolna,
a przede mną leżały
nienawiści zniszczone mury.

Rozpacz jest ujściem rzeki cierpienia i żalu.

Wezbrana woda gwałtownie unosi ze sobą wszystko,

co było starannie ukryte przed światem.

Kłębią się uczucia w małych kropelkach wody,

tworząc lawinę osamotnienia i gniewu.

Wody rozpaczy spieniają się coraz bardziej na skutek

zapomnienia i ogromu niewypowiedzianego bólu.

Potężniejąc, tworzą depresję, która przynosi pozorną

stabilizację.

Niekiedy wody rozpaczy gwałtownie opadają.

Przepływają wtedy poprzez przełęcz błędów i wypaczeń,

i zostawiając za sobą kanion śmierci - zmierzają prosto

ku polanie radości i równinie powrotu do życia.

Na pozór spokój

czyste milczące korytarze
przemykają szpitalnymi szlafrokami
prosto ku drzwiom bez klamek
prowadzą do więzień chorób

tli się w niedogaszonych papierosach
potrzeba orzekania o wolności

w przebrzmiałych
od wyrzutu spojrzeniach
co raniły i dziwaczały
u boku najbliższych
rozpoczęła swe panowanie
para-skrucha

drzemie mądrość
w szpitalnym kitlu
uśpiona i przykuta do łóżka

na pozór spokój
czyste milczące korytarze
widziały
co innych osądzali

osądzą
dla których pomiędzy śmiesznością
głęboko ukrytą
a słowem surowym
zaludnią się cienie korytarzy

Bezimienna rozpacz

Rozpacz nosiła imiona.

Ozdobiona była koralikami.

Tęsknoty siadały

na jej ramionach.

Z czasem przerdzewiały traumami.

Teraz zaszczuta bezsilnością,

otoczona skruchą,

przenosi wzrok błagalny

z martwych wspomnień

na noc głuchą.

Liśnienie snu

Noc, dama pik.

Drży zasłuchana w nasze sny.

Senne zapory nadzoru

otwierają bramy wspomnień.

Nawałnica pragnień przysypuje

niedowierzanie myśli.

Ognie lęku liżą rany.

Ich języki są przywieszone

na nitce uczuć

do kłębka emocji.

Nieoglądane nigdy od podszewki,

nietrzepane myśli

rozpierzchają się w ciemność.

Okna świecą pustką ulgi...

Życie łka

Życie łka.
Spazmuje strach.
Huśta się ból
na huśtawce nastrojów.
Złośliwość z cierpienia sobie drwi.
Scenę snów zakrywają
niepoczytalności mgły.

W teatrze smutku brakuje ról
dla radosnych doznań.
Niepokoje zagrażają
pragnieniom zmian.
Ciosy obłudy
rozdrapały rany milczenia.

Czas obudzić marzenia.

Zaproszenie do marzeń

Niebieskie sny są tak niebieskie jak niebo i jak dusza szczęśliwa w miłosnym uścisku. Można z nimi kontemplować uniesienia szczęścia, podążać za nimi niebieskimi szlakami otwartej przestrzeni i wznieść się wysoko do szczytów dobra.

Niebieskie sny są jak pola pełne dojrzałych bławatków, których nasiona podążają ku niezbadanym krainom szczęśliwości. Delikatnie zapraszają do zgłębiania odłożonych kiedyś marzeń i ulatują jak motyle niezdarnie, niedokończone, gotowe w każdej chwili do powrotu. Bo niebieskie sny zawsze odnajdują dawno zapomniane ścieżki.

Marzenia

Marzenia kwitną wiosną
i chodzą parami.
Opadają przekwitnięte
barwnymi kwiatami.
Otaczają wtedy twoje myśli
i słowa
aurą kolorową.
Najpierw kwitną nieśmiało,
na biało,
potem są bzowe i makowe
albo irysami malowane.
A wieczorami
nagrzane słońcem,
w ciszy zachodu skąpane,
pachną wiosenną łąką.
I twoim ciałem.

Radość

Niebieskie sny podglądają gwiazdy na nieboskłonie.

Migają ich blaskiem i mienią się srebrną poświatą.

Są nieodgadnione.

Trudno za nimi nadążyć.

Radosna dusza też potrafi wzbić się tak wysoko

w przestworza.

Radość jest przyjaciółką niebieskich snów.

Myślenie o czymś pięknym przynosi ukojenie i pokój

serca.

Smutek godzi się na ustępstwa.

Niebieskie sny zataczają kręgi i osiadają

na poduszkach.

A welony szczęścia spowijają miłosne podszepty nocy.

Tylko zegar tyka na nieistniejący czas.

Teatr snów

Rekwizyty jak w teatrze, scena uczuć
i emocje zepchnięte w zapomnienie,
ożywając obrazami, przemykając fantazjami
tworzą scenografię sennych cieni.

W zakamarkach wspomnień zakurzone,
otulone welonem słodkich wrażeń,
czułe słówka, szepty nieskończone
odłożone do kuferka dawnych zdarzeń.

W kątach sterty żółtych kartek pozwijanych,
złotych myśli stłumionych traumami.
Przy nich wielkie kolorowe pudła
wypełnione kochanymi spojrzeniami.

Występują na tej scenie, w snu przestrzeni,
stare sprawy w nowych rolach ukazane.
Rozbudzone i wpisane do pamięci
razem z listem kiedyś niewysłanym.

Rekwizyty jak w teatrze, scena uczuć
i kostiumy z przeszłości złożone.
Na podłodze rękopisy tekstów
w depozycie snu ocalone.

Spis treści

Sny...................................5

Dusza.................................6

Niebieskie sny.......................8

Śnij swój sen.......................10

Noc.................................12

Smutek..............................14

Smutkowe rozterki...................16

Pamięć duszy........................17

Ptaki wspomnień.....................18

Wspomnienia.........................20

Tęsknota............................22

Aleja wspomnień.....................24

Cierpienie..........................26

Sens cierpienia.....................28

Ból.................................29

Nadzieja............................30

Pieśń o nadziei.....................32

Nostalgia...........................36

Moje miasto marzeń..................38

Jest takie miasto...................40

Zachwyt.............................44

Melancholia..46

Jesienna melancholia.....................48

Gniew...50

Senne myśli...52

Rozpacz...54

Na pozór spokój.................................56

Bezimienna rozpacz......................58

Lśnienie snu..60

Życie łka...62

Zaproszenie do marzeń..............64

Marzenia..66

Radość..68

Teatr snów...70